Dear Parent: Your child's love of reading starts here!

Every child learns to read at his or her own speed. You can help your young reader by choosing books that fit his or her ability and interests. Guide by reading stories with biblical values. There are I Can Re reading:

D0400846

SHARED READING
Basic language, word repetition, and whimsical illu_ your emergent reader.

BEGINNING READING
Short sentences, familiar words, and simple concepts for children eager to read on their own.

READING WITH HELP
Engaging stories, longer sentences, and language play for developing readers.

I Can Read! books have introduced children to the joy of reading since 1957. Featuring award-winning authors and illustrators and a fabulous cast of beloved characters, I Can Read! books set the standard for beginning readers.

Visit www.icanread.com for information on enriching your child's reading experience.
Visit www.zonderkidz.com for more Zonderkidz I Can Read! titles.

Queridos padres: ¡Aquí comienza el amor de sus hijos por la lectura!

Cada niño aprende a leer a su propio ritmo. Usted puede ayudar a su pequeño lector seleccionando libros que estén de acuerdo a sus habilidades e intereses. También puede guiar el desarrollo espiritual de su hijo leyéndole historias con valores bíblicos, como la serie ¡Yo sé leer! publicada por Zonderkidz. Desde los libros que usted lee con sus niños hasta aquellos que ellos o ellas leen solos, hay libros ¡Yo sé leer! para cada etapa del desarrollo de la lectura:

LECTURA COMPARTIDA
Utiliza un lenguaje básico, la repetición de palabras y curiosas ilustraciones ideales para compartir con su lector emergente.

LECTURA PARA PRINCIPIANTES
Este nivel presenta oraciones cortas, palabras conocidas y conceptos sencillos para niños entusiasmados por leer por sí mismos.

LECTURA CONSTRUCTIVA
Describe historias de gran interés para los niños, se utilizan oraciones más largas y juegos de lenguaje para el desarrollo de los lectores.

Desde 1957 los libros **¡Yo sé leer!** han estado introduciendo a los niños al gozo de la lectura. Presentan autores e ilustradores que han sido galardonados como también un reparto de personajes muy queridos. Los libros **¡Yo sé leer!** establecen la norma para los lectores principiantes.

Visite www.icanread.com para obtener información sobre el enriquecimiento de la experiencia de la lectura de su hijo.
Visite www.zonderkidz.com para actualizarse acerca de los títulos de las publicaciones más recientes de la serie ¡Yo sé leer! de Zonderkidz.

The LORD gave the fish a command.
And it spit Jonah up onto dry land.

—Jonah 2:10

Entonces el SEÑOR dio una orden y el pez
vomitó a Jonás en tierra firme.

—Jonás 2:10

Zonderkidz

Jonah and the Big Fish/Jonás y el gran pez
Copyright © 2009 by Mission City Press. All Rights Reserved. Beginner's Bible copyrights and trademarks (including art, text, character etc.) are owned by Mission City Press and licensed by Zondervan of Grand Rapids, Michigan.

Requests for information should be addressed to:
Zonderkidz, *Grand Rapids, Michigan 49530*

Library of Congress Cataloging-in-Publication Data

Jonah and the big fish. Spanish & English
    Jonah and the big fish : Jonah 1:1-3:10 / illustrated by Kelly Pulley = Jonás y el gran pez : Jonás 1:1-3:10 / ilustrado
    por Kelly Pulley.
        p. cm. -- (My first I can read! = Mi primer libro! ¡Yo sé leer!)
    ISBN 978-0-310-71887-1 (softcover)
    1. Jonah (Biblical prophet)--Juvenile literature. I. Pulley, Kelly. II. Title. III. Title: Jonás y el gran pez.
    BS580.J55J62518 2009
    224'.9209505--dc22

                    2008051674

Art Direction: Jody Langley
Cover Design: Laura Maitner-Mason

Printed in China

14 15 16 /DSC/ 8 7 6 5 4 3

ZONDERkidz™ Vida®

I Can Read!™ ¡Yo sé leer!™ My First SHARED READING

The Beginner's Bible®

Jonah and the Big Fish
Jonás y el gran pez

pictures by Kelly Pulley

ilustrado por Kelly Pulley

Jonah told people about God.

Jonás le hablaba a la gente acerca de Dios.

One day, God told Jonah to go on a trip.

Un día, Dios le dijo a Jonás que saliera en un viaje.

God said, "People in Nineveh are doing bad things. Please go there and talk to them."

Dios le dijo: «La gente de Nínive está haciendo cosas malas. Por favor, ve allá y habla con ellos».

Jonah was not happy.

Esto no le gustó a Jonás.

He did not want to go.
So he ran away!

Él no quería ir.
¡Así que huyó!

Jonah talked to some men.
"Please let me sail away with you."

Jonás habló con algunos hombres.
«Por favor, déjenme ir con ustedes
en el barco».

The boat went out to sea.
It went right into a storm!
The wind blew and blew.

El barco salió al mar.
¡Pero se encontraron en medio
de una tormenta!
El viento soplaba y soplaba.

The waves went up and down,
up and down.

La olas subían y bajaban,
arriba y abajo.

The men were scared.
"Where is Jonah?" they called.

Los hombres tenían miedo.
«¿Dónde está Jonás?», decían ellos.

Jonah was taking a nap.

Jonás estaba durmiendo una siesta.

"Get up, Jonah," they said.
"We are in big trouble!
Say a prayer for us!"

«Jonás, levántate», dijeron ellos.
«¡Tenemos un gran problema!
¡Ora por nosotros!»

"I am the problem," said Jonah.

«Yo soy el problema», dijo Jonás.

"God is upset. I ran away from him!"
Jonah said.

«Dios está molesto», dijo Jonás.
«¡Yo huí de él!».

16

"He wants me to go back.
He wants me to go to Nineveh."

«Él quiere que yo regrese.
Quiere que yo vaya a Nínive».

"How do we stop this storm?"
asked the men.

«¿Cómo podremos detener esta tormenta?»
preguntaron los hombres.

Jonah said,
"You must throw me into the water."

Jonás dijo: «Ustedes deben tirarme
al agua».

The men tossed Jonah into the water.

Los hombres tiraron a Jonás al agua.

The storm stopped.
The sea was calm!

La tormenta se detuvo.
¡El mar se calmó!

But up from the water swam a big fish.

Pero del agua salió un gran pez.

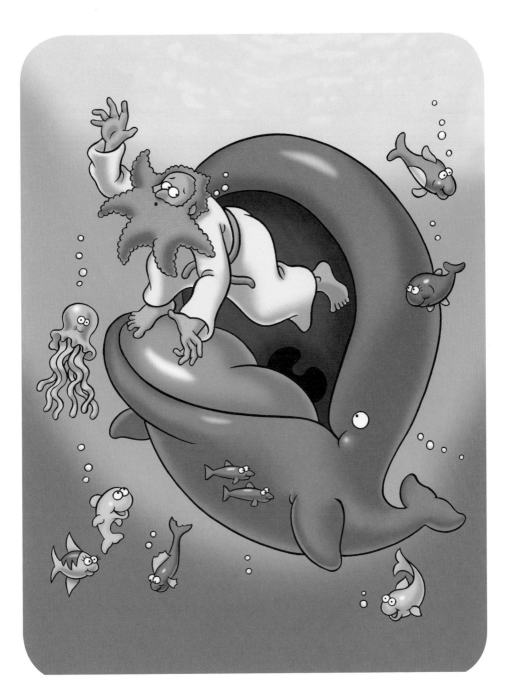

The fish swallowed Jonah.

El pez se tragó a Jonás.

Jonah sat in the big fish for three days and three nights.

Jonás se sentó dentro del gran pez durante tres días y tres noches.

"I am sorry I ran away. Thank you for saving me," said Jonah.

«Me arrepiento de haber huido. Gracias por salvarme», dijo Jonás.

Then God said, "Big fish!
Put Jonah back on dry land!"

Entonces Dios le dijo: «¡Gran pez,
vuelve a poner a Jonás en la tierra seca!».

God said, "Jonah, go to Nineveh. Tell the people to stop doing bad things."

«Jonás, ve a Nínive. Dile a la gente que no siga haciendo cosas malas», dijo Dios.

This time Jonah was brave.
He knew God was with him.

Esta vez Jonás fue valiente.
Sabía que Dios estaba con él.

Jonah went to talk
to the people of Nineveh.

Jonás fue a hablar con la gente
de Nínive.

Jonah told the people, "Stop doing bad things!"

Jonás le dijo a la gente: «¡Dejen de hacer cosas malas!».

They listened to Jonah.

Ellos escucharon a Jonás.

God forgave Jonah. God forgave the people. He loves all his people.

Dios perdonó a Jonás. Dios perdonó a la gente. Él quiere a toda la gente.